Boules de poils & Cie

Un poney à sauver !

FLEURUS

Direction : Guillaume Arnaud
Direction éditoriale : Sarah Malherbe
Édition : Raphaële Glaux, assistée de Mélanie Davos

Direction artistique : Élisabeth Hebert
Mise en pages : Sophie Boscardin

Fabrication : Thierry Dubus, Florence Bellot

Site : www.fleuruseditions.com
ISBN : 978-2-2151-1778-0
Code MDS : 651 598

Boules de poils & Cie

Un poney à sauver !

Texte de Juliette Parachini-Deny
et d'Olivier Dupin
Illustrations d'Ariane Delrieu

FLEURUS

Adèle, Rose, Louison et Cyrano forment le Club des boules de poils.
Leur mission : sauver les animaux en danger !

Adèle

Âge : 9 ans.
Yeux : verts.
Cheveux : châtains, courts et bouclés.
Animal préféré : Biscotte, son poney.
Loisirs : équitation et danse.
Signes particuliers : grande sportive.
Caractère : courageuse et franche.
Parfois un peu moqueuse.

Rose

Âge : 9 ans.
Yeux : marron foncé.
Cheveux : noirs et raides.
Animal préféré : Fripon, son chat, mais aussi Rocky, son hamster !
Loisirs : tir à l'arc.
Signes particuliers : première de la classe.
Caractère : généreuse et réfléchie.
Très soucieuse de ses amies.

Louison

Âge : 9 ans.
Yeux : bleus.
Cheveux : blonds et longs.
Animal préféré : Cyrano, son chien.
Loisirs : piano.
Signes particuliers : possède une vraie ménagerie, composée notamment de Cyrano, son chien, de Kiko, son canari, de Carotte et Lulu, une famille de lapins nains, de Bilboquet, son chat, et de Bernard, son bernard-l'hermite !
Caractère : fleur bleue, froussarde, mais toujours prête à suivre ses amies dans leurs aventures, accompagnée de Cyrano bien sûr !

Cyrano

Maîtresse : Louison.
Race : teckel à poil dur.
Surnom : Nono.
Famille : fils de Guillaume le Vaillant et d'Honorine des Bois.
Loisirs : grand aventurier, aime jouer avec sa maîtresse et ses amies.
Signes particuliers : a un flair de limier. Mascotte du Club des boules de poils.
Caractère : courageux, tête de mule, parfois jaloux.

Chapitre 1

Bienvenue au centre équestre

– Et voilà les filles ! nous sommes arrivés au domaine des Trois Vallées ! s'exclame le papa d'Adèle en garant le van le long des écuries.

– Génial ! lancent les trois amies en chœur, ravies que le long trajet se termine enfin.

Adèle descend du véhicule à toute vitesse pour sortir son poney Biscotte de la remorque.

– Voilà, mon beau, tu vas pouvoir te dégourdir les jambes, lui murmure-t-elle en caressant sa belle crinière caramel.

Adèle participe au prestigieux concours hippique organisé une fois par an au domaine. Les meilleures cavalières de la région seront présentes. La compétition va être de haut niveau, mais Adèle, très volontaire, s'est juré de remporter le concours cette année ! Elle a emmené avec elle ses deux amies. Louison et Rose ont le trac, car elles vont faire leur premier stage d'équitation !

Les trois copines ne se quittent jamais. Leur passion commune ? Les animaux ! Elles ont même créé ensemble le Club des boules de poils !

Cyrano, le chien de Louison, a eu l'autorisation exceptionnelle de venir dans le centre équestre. Mais il a reçu de strictes consignes de la part de sa petite maîtresse : bien écouter, ne pas aboyer, et surtout ne pas courir après les chevaux !

Avec l'aide de son papa, Adèle installe Biscotte dans son box.

– De l'eau bien fraîche, une bonne ration d'avoine… tu vas pouvoir te reposer. Il faut que tu sois en forme demain pour les premiers entraînements !

Biscotte lui répond en hochant la tête et en faisant voler sa belle crinière.

Louison et Rose, elles, partent à la découverte des écuries. Les chevaux sortent la tête de leur box comme pour accueillir les nouvelles arrivantes. Les deux filles se retrouvent face à un immense cheval à la robe grise. Il les observe avec de grands yeux.

– Tu crois qu'on peut le toucher ? demande Louison, qui est un peu la froussarde de la bande.

Rose fait une tentative.

– Mais oui, regarde, il aime bien qu'on lui caresse le museau, dit-elle tout doucement pour ne pas effrayer le cheval.

Louison n'hésite plus une seconde.

– Oh ! il a le museau tout chaud et tout doux, chuchote-t-elle.

Les deux filles s'arrêtent à tous les box. Chaque cheval a droit à un mot doux et à une caresse. Cyrano n'est pas content ! Et lui, alors ?

Adèle rejoint ses camarades.

– Venez les filles, notre chambre nous attend. Je…

Une voix moqueuse l'interrompt.

– Tiens, je vois que Miss Bouclettes est là !

Les trois amies se retournent et découvrent une jeune fille blonde, encore plus blonde que Louison !

– Tiens, lui répond Adèle d'une voix faussement enjouée, ma chère Clara !

– Tu es encore revenue cette année, Adèle, malgré tes deux défaites contre moi ! Tu aimes perdre !

– Venez les filles, dit Adèle en tirant ses copines par le bras, mieux vaut ne pas commencer à se fâcher dès maintenant.

Dans leur chambre, les trois copines déballent leurs affaires. Il y a un quatrième lit, avec un sac rose posé dessus.

– J'espère que notre camarade de chambre n'est pas cette Clara, s'inquiète Louison.

– Ne t'en fais pas, la rassure Adèle, c'est le sac d'Éloïse…

À ce moment-là, Éloïse entre dans la chambre, essoufflée.

– Adèle, viens vite. Ton poney a disparu !

Chapitre 2

À la recherche de Biscotte

– Ce n'est pas possible, s'exclame Adèle, bouleversée, je suis sûre d'avoir bien refermé la porte du box tout à l'heure !

Tous les membres du club participent aux recherches. Les trois amies décident d'aller derrière les anciennes écuries.

Elles courent le long d'un petit ruisseau, suivies de près par Cyrano, leur fidèle compagnon, qui pense que c'est un jeu.

– Nous devons le retrouver rapidement, il commence à faire noir et il est tout seul, perdu… peut-être même en danger ! lance Adèle, toute pâle.

Après avoir traversé un champ, les filles tombent sur une grande barrière rouge et blanche.

Louison pointe le doigt vers un panneau sur lequel est écrit :

ENTRÉE INTERDITE – VOIE TRÈS DANGEREUSE

Une partie du grillage est couchée au sol.

– Regardez ! Des traces de sabots ! Biscotte est passé par là… On y va ! s'exclame Adèle sans hésitation.

Louison et Rose restent figées quelques secondes. Leurs regards remplis d'inquiétude, se croisent.

– Le Club des boules de poils ne peut pas abandonner Biscotte ! lance Rose pour se donner du courage.

Les deux filles passent à leur tour par-dessus la barrière et rejoignent leur camarade.

Des ombres mystérieuses apparaissent soudain.

– Regardez ! Ah ! ce sont des moutons, s'exclame Rose, rassurée.

Mais au milieu d'eux il y a également le poney d'Adèle. Effrayé par les bêlements des moutons, il s'éloigne encore, sourd aux appels de sa maîtresse.

Louison pousse un cri. À quelques mètres seulement plonge un profond précipice.

– Attention, Biscotte ! hurle Adèle, reviens par ici ! Tu es trop près du ravin !

À cet instant, Cyrano se découvre une vocation de chien de berger. Il fonce à toute allure entre le ravin et Biscotte, et aboie de toutes ses forces pour éloigner le poney. Adèle en profite pour saisir les rênes et sauter sur sa monture.

Apeuré, Biscotte hennit et se cabre. Petit à petit, grâce aux gestes rassurants de sa maîtresse, Biscotte retrouve son calme.

– Wouah ! on se serait crues à un rodéo ! s'exclame Louison.

De retour au centre, Louison et Rose accompagnent Adèle jusqu'au box de Biscotte. Louison relève le loquet et ouvre la porte en grand pour faire rentrer le poney.

– Attendez un peu, murmure Rose, perplexe, comment se fait-il qu'on ait trouvé la porte du box fermée ?

– Une chose est sûre, je n'ai pas encore appris à Biscotte à refermer la porte derrière lui ! ironise Adèle.

– Si quelqu'un a refermé derrière Biscotte, peut-être que cette personne a aussi ouvert la porte pour le faire sortir.

– Et qui avons-nous croisé ici même avant d'aller dans notre chambre ? demande Adèle… Clara !

Rose secoue ses cheveux courts.

– On ne peut pas l'accuser sans preuve ! Même si son sourire était… comment dire… louche.

– Il n'y a pas besoin de preuve, s'emporte Adèle, elle ferait n'importe quoi pour être sûre de gagner !

Adèle regarde le soleil qui se couche et affirme sur un ton sec :

– Clara, la guerre est déclarée !

Les filles font un gros câlin à Biscotte, vérifient le loquet de la porte et prennent la direction de leur chambre.

– Dis-nous, Adèle, elle est sympa, Éloïse ? demande Louison.

– Oh, je ne la connais pas bien. Et en fait elle ne parle pas beaucoup… On ne sait jamais trop ce qu'elle pense.

Sur son lit, Éloïse est en train de lire. Voyant entrer ses copines de chambrée, elle pose son livre.

– Ton poney va bien, Adèle ? Tu l'as retrouvé ?

– Oui, tout est bien qui finit bien ! Je te présente Louison et Rose, mes meilleures amies.

Les deux jeunes filles font un grand sourire à Éloïse, qui baisse alors la tête en chuchotant un timide « bonjour ».

– Dis-moi, c'est toi qui as vu que Biscotte s'était enfui ? demande Adèle.

– Oui, en rentrant Nuit d'Été. C'est mon poney, ajoute-t-elle en se tournant vers Rose et Louison.

– Tu n'aurais pas croisé Clara dans l'écurie ?

– Si, pourquoi ?

– Je suis sûre que c'est elle qui a ouvert la porte du box.

Éloïse hausse les épaules. Adèle s'apprête à poursuivre ses questions quand un énorme oreiller lui atterrit sur la tête. À peine a-t-elle le temps de comprendre d'où il est arrivé que Louison en saisit un second. En une fraction de seconde, la chambre se transforme en un champ de bataille… de polochons !

Chapitre 3

En selle !

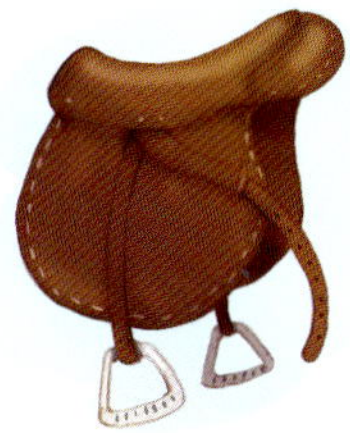

Le lendemain matin, impatiente de retrouver son poney, Adèle est la première à rejoindre les écuries.

– Bonjour, Biscotte, tu as passé une bonne nuit ?

Louison et Rose entrent dans le box, encore un peu endormies. L'odeur du cuir, de la paille, et surtout du crottin a vite fait de les réveiller.

– Dépêchez-vous, lance Adèle pleine d'énergie, il faut nettoyer le box, changer la paille, brosser Biscotte…

– Minute, chef, on a le temps ! répond Rose.

– Justement, non ! votre premier cours commence dans une demi-heure, et moi, je dois préparer Biscotte pour notre séance d'entraînement !

C'est alors qu'apparaît Wendy, une copine d'Adèle. Elle marche avec des béquilles.

– Salut Wendy… mais qu'est-ce qui t'arrive ? Tu n'avais pas de béquilles, hier soir !

– Tu ne le croiras jamais. Je me suis foulé la cheville dans l'escalier. Un accident bête.

– Ah mince… et le concours ?

– Ce ne sera pas pour cette année, grogne Wendy. Je me suis entraînée pendant des mois pour le préparer, tu parles d'une tuile !

Wendy n'aime pas perdre. Et quand elle perd, elle fait la tête.

– À plus tard, dit-elle sèchement.

Le moniteur demande aux nouveaux stagiaires de se regrouper autour de lui pour leur expliquer comment se comporter avec les poneys. Puis il attribue une monture à chaque enfant.

C'est au tour de Louison :

– Je te présente Ursule. Tu verras, il est très gentil.

– Il est bai, s'empresse de préciser Rose.

– Bai ? De quoi parles-tu ? demande Louison.

– Elle parle de la couleur de son pelage, répond le moniteur. Ça veut dire que sa robe est d'un brun roux. Bravo, mademoiselle !

Rose réajuste ses lunettes avec son index et esquisse un petit sourire. Elle n'est pas première de sa classe pour rien !

– Alors, à ton tour, maintenant, tu vas faire équipe avec Brindille… Brindille, je te présente…

– Rose ! s'exclame la jeune fille en caressant la longue crinière noire de son nouveau coéquipier.

– Maintenant… en selle ! lance le moniteur.

Louison et Rose se hissent comme elles le peuvent sur leur poney. L'aventure commence !

Les filles ont un spectateur très attentif : Cyrano ! Perché sur une botte de paille, le teckel observe sa petite maîtresse avec un regard empli de jalousie envers ce drôle d'animal aux longues pattes. Cyrano suit les consignes : il n'aboie pas… Mais ce n'est pas l'envie qui lui manque !

Tous les poneys avancent tranquillement, les uns derrière les autres. Rose et Louison sont aux anges. Soudain, Ursule, le poney de Louison, fait un écart et tend la tête pour attraper des branches qui dépassent de la barrière du manège. Louison essaie de tirer sur les rênes, mais le poney n'en fait qu'à sa tête : les feuilles sont si savoureuses !

– C'est une vraie tête de mule, ton poney ! glousse Rose. Ursule, la tête de mule !

– C'est bien moi, ça, je tire toujours le mauvais numéro ! Allez mon beau, arrête de faire le gourmand.

Au même moment, Brindille décide d'imiter son camarade.

– Oh, merci, Louison, maintenant le mien fait pareil, dit Rose avec un soupçon de mauvaise foi.

Les deux amies regardent autour d'elles. Tous les autres poneys semblent obéir à leur cavalier. À la vue de ce tableau comique, elles éclatent de rire.

Pendant ce temps, sur le terrain d'à côté, les concurrentes inscrites au concours s'entraînent.

Tous les poneys effectuent le parcours avec aisance. Sauf… Biscotte, qui traîne les sabots et refuse de franchir les petits obstacles.

– Alors, Biscotte, qu'est-ce qui t'arrive aujourd'hui ? lui demande tendrement Adèle.

Le poney s'arrête et agite la tête.

– Je crois que cette année encore je n'aurai pas de mal à te battre ! pouffe Clara en passant à côté d'Adèle.

La jeune fille préfère ne pas répondre et descend de sa monture.

– Tu veux te reposer, Biscotte ? C'est ton escapade d'hier soir qui t'a fatigué ?

Très inquiète, Adèle emmène Biscotte au box.

De loin, Rose et Louison aperçoivent leur amie qui se dirige vers les écuries avec Biscotte. La séance d'entraînement ne fait que commencer… elles devinent qu'il se passe quelque chose d'anormal. Elles descendent de leur poney, attachent les rênes à la barrière et courent vers Adèle.

– Qu'est-ce qu'il y a ? Tu n'as pas l'air bien.

– Je crois que Biscotte est malade, sanglote Adèle, je ne l'ai jamais vu comme ça !

Rose est songeuse.

– Après ce qui est arrivé hier soir, je trouve ça très étrange…

Chapitre 4

Merci, docteur !

Biscotte semble de plus en plus faible sur ses pattes flageolantes. Il lance de longs hennissements qui serrent le cœur des trois filles. Elles décident de rester à son chevet, espérant que cela l'aidera à se rétablir au plus vite. Adèle lui fait de gros câlins, Rose lui remplit un seau d'eau fraîche et Louison lui remet un peu d'avoine.

Pauvre Biscotte ! Il ne va pas bien du tout.

– Adèle, c'est normal ces petites boules bleues dans la mangeoire de Biscotte ? demande Louison.

– Des boules bleues ? De quoi est-ce que tu parles ?

Adèle et Rose s'approchent, intriguées.

– Ce sont des comprimés ! C'est sûrement ça qui l'a rendu malade !

– Mais oui, regardez ! Il y a une boîte de médicaments dans la paille ! Ce sont des somnifères !

Les grands yeux verts d'Adèle se remplissent de larmes… Biscotte a sûrement été empoisonné !

Rose prend son amie dans ses bras pour essayer de la réconforter.

– Je vais chercher le vétérinaire du centre… Ne t'inquiète pas, il est costaud, ton Biscotte, il va vite se rétablir.

Adèle aperçoit Clara, de l'autre côté de l'écurie. La jeune fille raccompagne son poney. Adèle court la voir, furieuse.

– Tu peux être fière de toi, mon poney est malade ! Lui donner des somnifères ! C'est tout ce que tu as trouvé pour gagner demain ? Tu vas me le payer s'il lui arrive quelque chose…

– Des somnifères ? Comment peux-tu m'accuser d'une chose pareille ? Mon poney aussi est malade. Regarde, il tremble de partout ! lui répond Clara avec des sanglots dans la voix.

Adèle constate que le poney de Clara a l'air aussi fébrile que Biscotte. Clara ne serait donc pas la coupable…

Le vétérinaire du centre est là. Après quelques minutes d'examen, il est rassurant.

– Ne vous inquiétez pas, les filles. Ce ne sont pas des médicaments pour les chevaux. Avec ces doses, ils seront un peu fatigués, mais après une bonne nuit de sommeil ils galoperont comme d'habitude. J'aimerais bien savoir qui a fait une telle bêtise.

– D'abord, la porte du box de Biscotte ouverte volontairement… maintenant, les somnifères… Il n'y a plus aucun doute : Biscotte est en danger ici, lance Adèle, très préoccupée. Je vais rester avec lui tout l'après-midi et toute la nuit s'il le faut, pour être sûre qu'il ne lui arrive plus rien !

C'est alors que Cyrano se met à remuer la queue et à faire des bonds, comme s'il venait d'avoir une idée.

– Mais oui ! s'exclame Rose, j'ai compris, Nono, c'est toi qui vas surveiller le box de Biscotte !

Louison s'agenouille devant son chien et le regarde droit dans les yeux.

– Merci, Cyrano, je suis d'accord. Tu es un bon chien de garde, je te fais confiance.

En fin d'après-midi, après leur second cours, Rose et Louison rejoignent Adèle dans la chambre. Pour passer le temps, elle joue aux cartes avec Wendy. Au poker. Avec son carré de valets, Adèle rafle la totalité des jetons.

– J'en ai assez, tu gagnes tout le temps ! s'écrie Wendy. En mauvaise perdante, elle file bouder dans sa chambre.

– Cette année, Wendy ne participera pas au concours, n'est-ce pas ? demande Rose d'un air songeur.

– Non, évidemment, comment veux-tu qu'elle fasse avec ses béquilles ? lui répond Adèle.

– Tu crois que c'est elle, la coupable ? s'exclame Louison. Mais oui, c'est sûrement elle ! Elle est vexée de ne pas pouvoir participer, alors elle se venge !

– Oh, je ne sais pas… dit Adèle. C'est une bonne copine. Et pourquoi pas Éloïse pendant qu'on y est ! Je me suis déjà trompée une fois en accusant Clara. Il nous faut vraiment des preuves maintenant.

– En tout cas, je crois avoir trouvé l'astuce pour démasquer notre coupable, dit Rose en souriant.

Aussitôt, Rose expose son plan. Les filles applaudissent des deux mains et se répartissent les rôles.

Le soir venu, à l'heure du dîner, tous les participants sont au courant de l'histoire des somnifères.

Les concurrentes se regardent de travers, ne sachant plus à qui se fier. Seule Wendy semble indifférente aux discussions. Elle boude encore, le nez dans son assiette.

Les trois amies s'installent au centre de la longue table. Alors que les pensionnaires se régalent du délicieux gratin dauphinois, Louison se lève brusquement.

– Mince, s'écrie-t-elle, j'ai complètement oublié de m'occuper de Cyrano.

Puis elle quitte la pièce en courant.

Rose et Adèle passent à la seconde phase du plan…

Chapitre 5

Prise au piège

Rose et Adèle ont bien préparé leur dialogue. Coup de chance, ce sont toutes les deux d'excellentes comédiennes. Adèle commence. Elle parle d'une voix forte afin que tout le monde l'entende :

– Je pense que nous allons trouver rapidement la coupable, car nous avons un indice.

– Et quel indice ! renchérit Rose, une boîte de médicaments !

Pour la première fois de la soirée, Wendy intervient.

– Et alors, qu'est-ce que ça va prouver ? Vous allez faire venir la police scientifique de Los Angeles pour qu'ils cherchent de l'ADN ?

Plusieurs filles gloussent, mais Rose et Adèle gardent leur sérieux.

– Et ça n'intéresse personne, ces histoires ! ajoute Wendy, énervée. De toute façon, ce concours est nul !

Sur ces mots, Wendy se lève. Rose reprend avant qu'elle ne sorte de la pièce.

– C'est pourtant un bel indice. On n'y a pas fait attention sur le moment, mais je me rappelle avoir vu une ordonnance dans la boîte de somnifères. Et qui dit ordonnance…

– … dit nom du propriétaire, complète Adèle. Nous n'avons plus qu'à aller regarder dans le box, et nous saurons qui a essayé de faire du mal aux poneys.

– Oui, on ira après le repas. Il est hors de question de rater la tarte aux pommes ! dit Rose en passant la main sur son ventre.

Wendy saisit ses béquilles, hausse les épaules et quitte la pièce.

Les deux amies regardent leurs camarades sortir de table les unes après les autres.

– C'est bon, il faut y aller maintenant, dit Rose.

– C'est parti !

Elles quittent le réfectoire et se dirigent vers la porte de sortie, mais… la porte est bloquée. Quelqu'un a posé un bâton en travers pour les empêcher de sortir.

Cachée dans le box situé juste à côté de celui de Biscotte, Louison tremble de froid, mais aussi de peur. Elle est un peu rassurée par la présence de Cyrano. Tout à coup, une ombre passe devant eux. Louison a le cœur qui bat la chamade. Elle se faufile jusqu'au box de Biscotte, suivie de près par Cyrano.

Au moment où elle essaie d'appuyer sur l'interrupteur pour prendre la coupable sur le fait, une couverture lui tombe sur la tête. Louison trébuche alors dans la paille. Pour défendre sa petite maîtresse, Cyrano essaie d'attraper le mollet de son ennemie, mais elle le repousse du pied.

C'est alors que la lumière s'allume. Rose et Adèle sont à la porte et découvrent la coupable !

– Te voilà démasquée… Éloïse ?

Adèle est stupéfaite. Elle était persuadée de trouver Wendy.

– Mais… enrage Éloïse, il n'y a pas d'ordonnance !

– Eh non ! explique Rose, c'était un piège, pour « faire sortir le loup du bois ».

Rose aide Louison à se relever. Sa longue chevelure blonde a été tout ébouriffée par la couverture.

– Vous en avez mis du temps pour venir ! Vous avez repris de la tarte ou quoi ?

– Non, c'est Éloïse qui avait bloqué la porte pour nous retarder. On a dû faire le tour par les cuisines.

– Éloïse ? s'exclame Louison en découvrant la jeune fille, rouge de colère.

Grâce à leur plan, les filles ont réussi à démasquer la coupable. Jalouse de Clara et d'Adèle, Éloïse s'en est pris aux poneys pour essayer de remporter la compétition.

Pour la punir de cette grosse bêtise, le directeur du centre décide de lui interdire le concours, et même de la renvoyer du club. Elle va sûrement réfléchir... Peut-être reviendra-t-elle l'année prochaine.

– Bravo ! crient Louison et Rose en applaudissant.

Adèle et Biscotte viennent d'effectuer un parcours parfait. À son tour, Clara s'élance… très élégante et concentrée, comme à son habitude.

En fin de concours, toutes les cavalières sont réunies près du grand podium, dans l'attente des résultats.

– Cette année, annonce le présentateur, nous n'avons pas une, mais deux gagnantes ! Deux cavalières ont fait un parcours sans faute. J'appelle… Clara et Adèle !

Adèle bondit de joie et grimpe sur le podium. Clara, un peu vexée malgré sa première place, sourit quand même et s'installe à côté de sa rivale.

– Qui aurait cru que nous serions un jour si proches l'une de l'autre, ma chère Clara ? dit Adèle pour taquiner l'indétrônable « première du concours ».

En fin d'après-midi, Adèle propose à ses amies de faire une dernière promenade à poney. Rien que le Club des boules de poils ! Biscotte et Adèle ouvrent le chemin. Cyrano marche au pas derrière les trois poneys, toujours sans aboyer, évidemment !

Achevé d'imprimer en Chine par C&C Offset en mai 2013
N° d'édition : 13053 - Dépôt légal : septembre 2012